SEIZE MAY

FAST & FURIEUSEMENT BON !

SEIZE MAY

FAST & FURIEUSEMENT BON !

45 RECETTES EXCLUSIVES & FACILES

PHOTOGRAPHIES : Frédéric Lucano

STYLISME : Sonia Lucano

hachette
CUISINE

C'EST PARTI !

J'ai toujours été créatif et curieux de nature, à tester des choses, à faire des expériences et, comme tout enfant, à faire parfois quelques bêtises...

Il y a trois ans, toujours passionné par le fait de tester mille et une choses, j'ai décidé de me lancer en tant que coursier VTC, cela m'a permis de « m'autogérer » et j'y ai pris goût.

En parallèle, j'ai toujours eu un goût prononcé pour les nouvelles technologies, les réseaux sociaux, etc.

Et comme tout le monde, il y a deux ans, j'ai été confiné.

Je passais beaucoup de temps sur les réseaux, et l'un d'entre eux a retenu mon attention. Je trouvais que cette application (TikTok) avait quelque chose de nouveau qui m'inspirait particulièrement.

J'ai décidé de sauter le pas en créant mon propre contenu. Au début, je faisais des vidéos qui n'avaient rien à voir avec la cuisine, des vidéos humoristiques ou de lifestyle.

Étant quelqu'un de gourmand et d'épicurien, je m'amusais à reproduire des recettes de fast-food à la maison pour régaler ma famille, et je me suis soudainement demandé : « Pourquoi ne pas filmer cela ? »

Et voilà ! J'avais enfin trouvé ce qui me correspondait dans la création de mon contenu, une infinité de possibilités.

Aujourd'hui, j'ai la chance d'avoir bâti une communauté en or, qui me soutient chaque jour, qui m'inspire, qui me pousse à me surpasser, et qui m'aide à créer toujours plus !

SOMMAIRE

MES ASTUCES DU QUOTIDIEN

Soyez organisé lorsque vous cuisinez, procédez par étapes et prenez votre temps afin de faire les choses bien. C'est en suivant ces conseils que vous éviterez de passer à côté d'un résultat délicieux !

Tentez un maximum d'associations différentes, le champ des possibles est infini en cuisine, alors pourquoi se contenter d'associer toujours les mêmes ingrédients ? Faites-vous plaisir et ne craignez pas de sortir de l'ordinaire. Essayez, car c'est ainsi que vous découvrirez et apprendrez !

LES MEILLEURS CONSEILS QUE JE PUISSE VOUS DONNER,

C'EST DE VOUS FAIRE PLAISIR EN CUISINE ET DE SORTIR DES SENTIERS BATTUS !

CE QUE J'AI TOUJOURS DANS MES PLACARDS

• **DES TORTILLAS.** Avec des tortillas, on peut faire beaucoup de choses, d'une pizza tortilla express au wrap, en passant par des tacos qu'on garnit avec ce qu'on trouve dans le frigo. Pour moi, les tortillas sont incontournables !

• **DES PÂTES.** Comme chez la plupart des gens, les pâtes occupent une place essentielle dans ma cuisine. Il existe une multitude de recettes de pâtes, aussi bien pour petit budget, en mode express, qu'en version gastronomique. Avoir quelques paquets de pâtes d'avance me semble indispensable.

• **DES CUBES DE BOUILLON.** Si l'on est en manque d'inspiration, le bouillon de volaille, de bœuf ou encore de légumes saura faire une très bonne base de sauce pour un plat. Il ne reste plus qu'à épaissir le tout avec de la fécule de maïs et le tour est joué !

LES INDISPENSABLES DE MON FRIGO

• **DE LA CRÈME FRAÎCHE (liquide ou épaisse).** Elle est utile aussi bien pour des recettes salées que sucrées. C'est parfait pour préparer des sauces pour vos plats : un peu de crème, on assaisonne, il ne reste plus qu'à ajouter du fromage et vous obtenez une sauce parfaite pour des pâtes par exemple. Pour vos recettes sucrées, vous pouvez préparer une chantilly ou bien mélanger la crème avec du chocolat fondu et obtenir un nappage idéal pour vos gâteaux !

• **LE FROMAGE RÂPÉ.** Je privilégie de mon côté la mozzarella râpée. J'en ajoute absolument partout, rares sont les recettes où je n'en mets pas ! Elle apporte une onctuosité à vos sauces, ou bien permet de faire gratiner n'importe quel plat au four. C'est vraiment l'indispensable de votre frigo !

POUR L'APÉRO

POUR 6 TENDERS

BEST TENDERS

PRÉPARATION : 10 MIN | REPOS : 30 MIN | CUISSON : 7 MIN

1 escalope de poulet • 15 g de corn flakes • 20 g de farine • 2 œufs • Huile d'olive • Huile de friture • Sel, poivre, ail en poudre, paprika

- Coupez l'escalope de poulet en lamelles assez épaisses.

- Mettez les morceaux dans un récipient avec un filet d'huile d'olive, de l'ail en poudre, du paprika, du sel et du poivre. Mélangez le tout, puis laissez mariner pendant 30 min minimum au réfrigérateur.

- Pendant ce temps-là, dans un récipient, écrasez 2 poignées de corn flakes. Dans un autre récipient, versez la farine et, dans un troisième, battez les 2 œufs.

- Sortez le poulet du réfrigérateur, trempez-le dans le récipient avec la farine, puis dans celui des œufs battus, et enfin dans les corn flakes. Répétez l'opération une seconde fois pour obtenir une croûte plus épaisse.

- Faites frire le morceau de poulet dans une friteuse ou dans une casserole avec de l'huile bien chaude pendant 7 min : c'est prêt !

POUR 4 BACON ROLLS

BACON ROLLS

PRÉPARATION : 10 MIN | CUISSON : 12 MIN

4 tranches de pain de mie sans croûte • 4 cuil. à soupe de fromage frais • 40 g de mozzarella râpée • 8 tranches de bacon • Sauce barbecue

- Préchauffez le four à 180 °C (th. 6).

- Écrasez à la main 1 tranche de pain de mie sans croûte et étalez-y 1 cuil. à soupe de fromage frais. Ajoutez 10 g de mozzarella râpée.

- Roulez la préparation et enroulez-la avec 2 tranches de bacon, puis badigeonnez-la avec de la sauce barbecue.

- Procédez de même pour les 3 autres rouleaux.

- Enfournez pour 12 min de cuisson.

POUR 10 ONION RINGS

ONION RINGS

PRÉPARATION : 10 MIN | CUISSON : 3 MIN

1 oignon rouge • 2 cuil. à soupe farine • 1 œuf • ½ sachet de levure chimique • 2 pincées de persil déshydraté • 20 cl de lait • Chapelure fine • Huile de friture • Sel, poivre

- Pelez et coupez l'oignon rouge en lamelles.

- Dans un récipient, mélangez la farine avec l'œuf et la levure chimique. Assaisonnez de sel et de poivre, saupoudrez de persil et versez le lait. Mélangez jusqu'à l'obtention d'un mélange homogène.

- Dans un récipient, versez la chapelure fine.

- Plongez une lamelle d'oignon rouge dans la préparation avec la farine et l'œuf, puis passez-la dans la chapelure.

- Faites frire le tout dans une friteuse ou dans une poêle avec de l'huile chaude pendant 3 min.

POUR 4 À 6 BÂTONNETS

COURGETTE PANÉE

PRÉPARATION : 10 MIN | CUISSON : 30 MIN

1 courgette • 20 g de farine • 1 œuf • 20 ml de lait • Chapelure de pain • Sel, poivre, paprika et ail en poudre

- Préchauffez le four à 180 °C (th. 6).

- Coupez la courgette en petits bâtonnets.

- Dans un récipient, mélangez la farine avec du sel, du poivre, du parika, de l'ail en poudre, l'œuf et le lait, jusqu'à obtenir une texture homogène.

- Trempez les morceaux de courgette dans la préparation, puis dans de la chapelure de pain. Répétez l'opération deux fois pour obtenir une panure plus épaisse.

- Enfournez pour 30 min de cuisson.

POUR 5 NUGGETS

NUGGETS MAISON

PRÉPARATION : 10 MIN | REPOS : 30 MIN | CUISSON : 6 MIN

1 escalope de poulet • 5 cuil. à soupe de farine • 1,5 cuil. de Maïzena® • Huile de friture • Sel, poivre, paprika, ail en poudre

MATÉRIEL : Mixeur

• Coupez l'escalope de poulet en petits morceaux, broyez-la au mixeur et placez la viande mixée dans un récipient.

• Ajoutez du sel, du poivre, du paprika et de l'ail en poudre puis mélangez le tout.

• À l'aide de vos mains, formez des nuggets avec la préparation. Placez-les dans une assiette et mettez le tout au congélateur pendant 30 min.

• Une fois le temps de repos écoulé, plongez les nuggets dans un récipient avec 3 cuil. à soupe de farine, la Maïzena® et du paprika.

• Plongez-les dans un mélange à base d'eau (environ 25 cl) avec 2 cuil. à soupe de farine.

• Enfin, faites-les cuire 3 min de chaque côté dans une casserole avec de l'huile.

POUR 1 PLAT DE NACHOS

NACHOS

PRÉPARATION : 5 MIN | CUISSON : 10 MIN

1 paquet de chips tortillas (Doritos®) • 100 g d'émincé de poulet rôti • 1 poignée de cheddar râpé • 1 poignée de mozzarella râpée • 1 pincée de paprika doux • 1 piment vert

- Préchauffez le four à 160 °C (th. 5-6).
- Dans un plat qui va au four, versez les chips.
- Coupez le poulet rôti en petits morceaux et ajoutez-les dans le plat.
- Saupoudrez de mozzarella râpée, de cheddar râpé et de paprika.
- Enfournez pour 10 min de cuisson.
- Coupez le piment vert en petits morceaux, déposez-les sur le plat avant de servir.

PARMESAN BALLS

PRÉPARATION : 10 MIN | CUISSON : 6 À 7 MIN

150 g de parmesan • 1 blanc d'œuf • Huile de friture •
Poivre, origan séché, paprika

- Versez tout le parmesan dans un récipient.
- Saupoudrez de poivre, d'origan et de paprika.
- Ajoutez le blanc d'œuf, puis mélangez jusqu'à obtenir une pâte.
- Roulez des boules de pâte entre vos mains.
- Plongez-les dans l'huile chaude dans une friteuse ou dans une casserole pendant 6 à 7 min.

POUR 2 PERSONNES

POTATOES MAISON

PRÉPARATION : 10 MIN | REPOS : 10 MIN | CUISSON : 14 MIN

4 pommes de terre • 2 cuil. à soupe de farine • 1 cuil. à soupe de Maïzena® • Huile de friture • Sel

- Coupez 4 pommes de terre en forme de potatoes.

- Plongez-les dans une casserole d'eau froide, placez sur le feu et faites chauffer pendant 7 min, avant de les sortir et de les réserver.

- Dans un récipient, réunissez la farine, la Maïzena®, du sel et 10 cl d'eau. Mélangez le tout jusqu'à obtenir une préparation épaisse et bien homogène, comme une pâte à crêpes.

- Plongez les potatoes dans la préparation pendant 10 min.

- Une fois ce temps écoulé, faites chauffer une casserole avec de l'huile et faites dorer les potatoes pendant 7 min.

SUR LE POUCE

POUR 2 PERSONNES

QUESADILLAS EXPRESS

PRÉPARATION : 5 MIN | CUISSON : 10 MIN

4 tortillas • 100 g de mozzarella en cossettes • 2 cuil. à soupe de pulpe de tomates • 4 tranches de blanc de dinde • 2 pincées de thym déshydraté • 1 cuil. à soupe de beurre

- Placez la première tortilla dans une poêle avec un petit peu de matière grasse.
- Ajoutez un quart de la mozzarella.
- Déposez une nouvelle tortilla par-dessus.
- Ajoutez de la matière grasse sur la tortilla, puis retournez-la dans la poêle.
- Étalez alors sur la face cuite 1 cuil. à soupe de pulpe de tomates et saupoudrez 25 g de mozzarella. Ajouter 2 tranches de blanc de dinde et 1 pincée de thym.
- Repliez la quesadilla en deux.
- Procédez de même pour la deuxième quesadilla.

POUR 2 WRAPS

WRAP FRAIS ET GOURMAND

PRÉPARATION : 5 MIN | CUISSON : 10 MIN

20 g de fromage frais (ail et fines herbes) • 6 cl de jus de citron • 2 cuil. à soupe de sauce Caesar • 2 cuil. à soupe de fromage blanc 0 % • 2 grandes tortillas • 10 feuilles de salade • 2 tranches de blanc de dinde • 2 tranches de cheddar • 10 g d'oignons frits

- Dans un bol, mélangez le fromage frais avec le jus de citron, la sauce Caesar et le fromage blanc.

- Étalez le mélange sur les tortillas (réservez-en 2 cuil. à soupe pour la finition).

- Déposez quelques feuilles de salade, 1 tranche de blanc de dinde et 1 tranche de cheddar sur chacune. Répartissez les oignons frits.

- Ajouter 1 cuil. à soupe de la crème préparée en début de recette sur chaque tortilla.

- Roulez en wrap avant de déguster.

POUR 3 CHEESY PATATES

CHEESY PATATE

PRÉPARATION : 15 MIN | CUISSON : 40 MIN

5 pommes de terre • 1 pincée de ciboulette déshydratée • 3 cuil. à soupe de farine • 15 g de mozzarella • 1 cuil. à soupe d'huile d'olive • Sel, poivre

- Faites cuire les pommes de terre dans une casserole pendant 30 min.
- Épluchez-les puis placez-les dans un récipient et écrasez-les. Salez, poivrez et ajoutez la ciboulette.
- Versez la farine et malaxez à la main, jusqu'à obtenir une pâte qui ne colle pas. Formez 3 palets.
- Déposez une petite poignée de mozzarella sur chacun.
- Refermez la pâte avec la préparation à l'intérieur.
- Faites cuire les palets 4 min de chaque côté dans une poêle avec un fond d'huile.

POUR 2 GARLIC BREADS

GARLIC BREAD

PRÉPARATION : 10 MIN | CUISSON : 8 MIN

100 g de beurre (à température ambiante) • 8 gousses d'ail • 4 branches de ciboulette • 1 oignon rouge • 1 baguette de pain • 30 g de mozzarella râpée

- Préchauffez le four à 180 °C (th. 6).

- Placez le beurre mou dans un récipient.

- Coupez les gousses d'ail en petits morceaux et déposez-les sur le beurre. Ciselez les branches de ciboulette et ajoutez-les dans le récipient. Pelez et coupez finement l'oignon rouge et placez les lamelles sur le beurre.

- Écrasez la préparation jusqu'à l'obtention d'une pâte.

- Coupez la baguette en 2 dans le sens de la longueur. Étalez le mélange obtenu sur les moitiés de pain. Répartissez la mozzarella râpée sur chaque tartine.

- Enfournez pour 8 min de cuisson.

POUR 2 PERSONNES

PETIT DÉJ' PARFAIT

PRÉPARATION : 5 MIN | CUISSON : 10 MIN

1 baguette de pain • 20 g de beurre • 6 œufs • 20 cl de crème liquide • 20 g de mozzarella râpée • Ciboulette • Sel, poivre

• Coupez la baguette en deux puis recoupez dans la longueur de façon à obtenir 4 tartines.

• Étalez une noisette de beurre ramolli sur chaque tartine.

• Faites-les ensuite dorer dans une poêle pendant quelques minutes. Réservez-les.

• Dans une poêle, cassez les œufs et mélangez-les jusqu'à obtenir des œufs brouillés.
Ajoutez la crème liquide et la mozzarella. Assaisonnez.

• Étalez la préparation sur les tartines, saupoudrez de ciboulette et dégustez !

POUR 2 PERSONNES

BURRITOS

PRÉPARATION : 5 MIN | CUISSON : 10 MIN

2 escalopes de dinde • 20 cl de crème liquide • 2 cuil. à café de concentré de tomates • 1 laitue • 2 tomates • 2 grandes tortillas • 20 g de mozzarella râpée • 1 cuil. à soupe d'huile d'olive • Huile d'olive • Sel, poivre, curry

• Coupez les escalopes de dinde en petits morceaux et placez le tout dans un récipient avec de l'huile d'olive, du sel, du poivre et du curry, puis mélangez bien.

• Faites revenir la viande assaisonnée dans une poêle pendant quelques minutes, puis versez la crème liquide et le concentré de tomates.

• Réservez la dinde avec la sauce.

• Coupez quelques feuilles de laitue et les tomates en rondelles.

• Sur 2 grandes tortillas, étalez la dinde avec la sauce, déposez par-dessus la mozzarella, les feuilles de laitue et les rondelles de tomates.

• Refermez chaque tortilla et faites-les revenir 2 min de chaque côté dans une poêle avec 1 cuil. à soupe d'huile d'olive.

POUR 2 PERSONNES

TARTINE DE L'ÉTÉ

PRÉPARATION : 10 MIN | CUISSON : 3 MIN

1 baguette de pain • 20 g de beurre • 2 pêches • 1 poignée de roquette • 6 tomates cerise • 1 poignée de feta • 6 feuilles de menthe • 4 cuil. à soupe de miel • Sel, poivre

- Coupez la baguette en deux puis recoupez dans la longueur de façon à obtenir 4 tartines.

- Dans une poêle, faites fondre 10 g de beurre puis faites dorer les tartines côté mie. Dès que les tartines sont dorées, réservez-les.

- Coupez les pêches en petits cubes.

- Sur les tranches de pain, disposez quelques feuilles de roquette et les tomates cerise coupées en deux. Déposez les morceaux de pêches sur le dessus. Ajoutez un peu de feta émiettée et les feuilles de menthe.

- Salez, poivrez, et répartissez le miel sur chaque tartine.

POUR 2 PERSONNES

★ ★ ★

EGG SANDWICH

PRÉPARATION : 5 MIN | CUISSON : 10 MIN

4 œufs • 4 tranches de cheddar • 4 tranches de pain de mie • 2 tranches de jambon ou de blanc de poulet • Sauce de votre choix (facultatif) • Sel, poivre

- Dans un shaker ou un récipient, battez les œufs.
- Dans une poêle, faites fondre les tranches de fromage et disposez une tranche de pain de mie sur chacune d'elles.
- Versez les œufs battus sur le tout.
- Sur les pains du dessus, déposez une tranche de jambon ou de blanc de poulet.
- Salez, poivrez et ajoutez la sauce de votre choix.
- Repliez le tout dans la poêle en formant un sandwich.
- Procédez de même pour le second sandwich.

POUR 2 SANDWICHS

GRILLED CHEESE

PRÉPARATION : 5 MIN | CUISSON : 5 À 6 MIN

4 tranches de pain • Moutarde douce • 2 poignées de mozzarella râpée • 2 tranches de coppa • 2 poignées de cheddar râpé • 4 cornichons • 1 morceau de beurre

- Étalez de la moutarde sur les 4 tranches de pain.
- Répartissez la mozzarella râpée et la coppa dessus.
- Déposez le cheddar râpé.
- Émincez les cornichons puis répartissez les rondelles avant de refermer chaque sandwich.
- Dans une poêle, faites fondre le beurre et faites dorer les sandwichs 2 à 3 min de chaque côté.

POUR 2 PERSONNES

AVOCADO TOAST

PRÉPARATION : 8 MIN | CUISSON : 6 MIN

2 tranches de pain • 2 avocats • 1 citron • Sauce sriracha • 1 pincée de sésame noir et blanc • Sauce aigre-douce • 1 poignée d'oignons frits • Huile d'olive • Sel, poivre

- Arrosez les tranches de pain d'un filet d'huile d'olive et faites-les revenir des 2 côtés dans une poêle pendant 3 min, puis réservez-les.

- Tranchez les avocats en fines lamelles, puis répartissez-les sur les tranches de pain. Coupez le citron en deux et pressez-le sur l'avocat. Versez un tout petit peu de sauce sriracha dessus.

- Saupoudrez de sésame noir et blanc. Assaisonnez.

- Versez de la sauce aigre-douce.

- Ajoutez 1 poignée d'oignons frits et dégustez !

235ml
SAUCE PIMENT
CHILI SAUS/SAUCE

DÎNERS MINUTE

POUR 2 PERSONNES

★ ★ ★

CHORIZO PASTA

PRÉPARATION : 10 MIN | CUISSON : 15 MIN

1 cube de bouillon de volaille • 200 g de pâtes • 100 g de chorizo • 2 échalotes • 20 cl de lait de coco • 20 g de mozzarella râpée

• Faites bouillir de l'eau dans une casserole. Ajoutez le cube de bouillon dans l'eau. Quand l'eau arrive à ébullition, versez les pâtes et laissez cuire tranquillement.

• Coupez le chorizo en dés. Émincez les échalotes.

• Dans une poêle, faites revenir des dés de chorizo sans matière grasse. Ajoutez les échalotes directement dans les morceaux de chorizo. Versez 20 cl de lait de coco. Mélangez.

• Dès que les pâtes sont cuites, ajoutez-les directement dans la sauce avec le chorizo, puis ajoutez la mozzarella.

• Laissez fondre et dégustez !

POUR 2 CROQUE-16MAY

CROQUE-16MAY

PRÉPARATION : 10 MIN | REPOS : 30 MIN | CUISSON : 10 À 12 MIN

60 g de beurre • 4 cuil. à soupe de farine • 100 ml de lait • 4 tranches de pain • 2 tranches de blanc de dinde • 2 tranches de mozzarella + 20 g de mozzarella râpée • Sel, poivre, noix muscade

- Préchauffez le four à 180 °C (th. 6).

- Faites fondre le beurre dans une casserole. Ajoutez la farine. Mélangez jusqu'à l'obtention d'une couleur beige brunâtre, puis versez le lait.

- Mélangez encore afin d'obtenir une texture crémeuse de béchamel. Assaisonnez de sel, de poivre et de muscade.

- Étalez la moitié de la préparation sur 2 tranches de pain.

- Sur chaque tartine, ajoutez 1 tranche de blanc de dinde et 1 tranche de mozzarella. Remettez une couche de béchamel par-dessus. Refermez avec les autres tranches de pain.

- Étalez de la béchamel dessus et disposez la mozzarella râpée.

- Enfournez pour 10 à 12 min de cuisson.

POUR 2 PERSONNES

SALADE D'ÉTÉ

PRÉPARATION : 10 MIN

1 melon • 10 tomates cerise • 1 concombre • 1 paquet de billes de mozzarella • 1 cuil. à soupe d'huile d'olive • Sel, poivre

• Coupez un melon en deux puis enlevez la chair, coupez-la en morceaux et réservez-la.

• Coupez les tomates cerise en deux. Lavez et taillez le concombre en petits cubes.

• Répartissez la chair de melon, les tomates et les cubes de concombre dans les demi-melons évidés. Ajoutez quelques billes de mozzarella.

• Salez, poivrez et versez l'huile d'olive.

POUR 2 PERSONNES

POÊLÉE AU POULET

PRÉPARATION : 10 MIN | REPOS : 25 MIN | CUISSON : 13 MIN

2 escalopes de poulet • 1 courgette • 2 poivrons rouges • 2 oignons • 2 cuil. à soupe de sauce tomate • Huile d'olive • Sel, poivre, cumin, thym et origan séché

- Coupez les escalopes de poulet en petits morceaux et mettez-les dans un récipient.

- Assaisonnez de cumin, de thym, d'origan, de sel et de poivre, puis arrosez d'un filet d'huile d'olive. Mélangez le tout et laissez mariner pendant 25 min.

- Lavez la courgette et les poivrons. Pelez les oignons. Coupez le tout en petits morceaux.

- Faites revenir les légumes émincés dans une poêle avec de l'huile d'olive pendant 8 min.

- Salez, poivrez et ajoutez le poulet mariné.

- Laissez cuire pendant 5 min, puis ajoutez 2 cuil. à soupe de sauce tomate.

- Mélangez et dégustez !

POUR 2 PERSONNES

★ ★ ★

BEEF NOODLES

PRÉPARATION : 10 MIN | REPOS : 10 MIN | CUISSON : 10 MIN

2 steaks (300-400 g de bœuf) • 3 gousses d'ail • 1 pincée de sésame • 15 cl de sauce teriyaki • 1 cube de bouillon de bœuf • 120 g de nouilles instantanées • 1 poivron rouge • Huile d'olive • Sel, poivre

- Coupez la viande en petits morceaux et mettez-les dans un récipient.
- Pelez et coupez les gousses d'ail, et mettez-les dans le récipient avec la viande.
- Poivrez, salez, ajoutez le sésame et la sauce teriyaki. Mélangez le tout et laissez mariner pendant 10 min.
- Faites chauffer une casserole avec de l'eau et le cube de bouillon. Dès que l'eau arrive à ébullition, ajoutez les nouilles instantanées.
- Pendant ce temps-là, faites revenir le bœuf mariné dans une poêle avec de l'huile d'olive.
- Coupez le poivron rouge en petits morceaux.
- Dès que les nouilles sont cuites, égouttez-les et mettez-les avec le bœuf dans la poêle.
- Ajoutez le poivron à la préparation, mélangez le tout pendant 1 min et dégustez !

POUR 2 PERSONNES

ŒUF À LA COQUE

PRÉPARATION : 5 MIN | CUISSON : 10 MIN

2 tranches de pain de mie • 2 œufs • Huile d'olive • Sel, poivre, ail en poudre, thym

- Préchauffez le four à 180 °C (th. 6).
- Coupez les tranches de pain dans la longueur pour obtenir 8 mouillettes. Badigeonnez-les d'huile d'olive et ajoutez de l'ail en poudre et du thym. Enfournez pour 10 min.
- Portez une casserole d'eau à ébullition, puis plongez les œufs dans l'eau bouillante pendant 3 min.
- Sortez les œufs de l'eau et ouvrez-les avec un couteau.
- Sortez les mouillettes du four et dégustez-les avec les œufs.

POUR 2 PERSONNES

PÂTES AUX CHAMPIGNONS

PRÉPARATION : 5 MIN | CUISSON : 10 MIN

200 g de pâtes (de votre choix) • 50 g de champignons de Paris • 15 g de beurre • 2 cuil. à soupe de crème fraîche • Sel, poivre

- Faites bouillir de l'eau chaude dans une casserole, puis ajoutez les pâtes.
- Épluchez les champignons de Paris, puis coupez-les finement.
- Dans une poêle, faites fondre le beurre et faites revenir les champignons pendant 3 à 4 min.
- Ajoutez la crème fraîche. Salez et poivrez.
- Dès que les pâtes sont cuites, mettez-les dans la poêle avec les champignons et mélangez.

POUR 2 PERSONNES

LASAGNES EXPRESS

PRÉPARATION : 10 MIN | CUISSON : 20 MIN

6 tomates • 1 oignon • 2 cuil. à soupe de concentré de tomates • 1 pincée d'origan séché • 400 g de viande hachée • 8 feuilles de pâte à lasagnes • 100 g de mozzarella râpée • Huile d'olive • Sel, poivre

- Préchauffez le four à 180 °C (th. 6).

- Coupez les tomates et l'oignon en petits morceaux. Mettez le tout dans une poêle avec un filet d'huile d'olive. Faites revenir pendant 5 min.

- Ajoutez le concentré de tomates, l'origan, du sel et du poivre. Mélangez le tout puis ajoutez la viande hachée.

- Quand la viande est cuite, déposez une couche de feuilles de lasagnes, versez un peu de préparation à la viande et ajoutez de la mozzarella râpée.

- Répétez ces étapes jusqu'à épuisement des ingrédients.

- Enfournez pour 20 min.

POULET TERIYAKI

PRÉPARATION : 5 MIN | CUISSON : 7 À 8 MIN

1 filet de poulet • 1 pincée de piment doux en poudre • 1 pincée de piment concassé • 1 cuil. à soupe de Maïzena® • 1 cuil. à soupe de cassonade • 2 cuil. à soupe de miel • 10 cl de crème liquide • Huile d'olive • Ail et gingembre en poudre

- Coupez le filet de poulet en morceaux et mettez-le dans un récipient. Ajoutez le piment doux, le piment concassé et la Maïzena® puis mélangez.

- Mettez 1 cuil. à café d'huile dans une poêle et faites revenir le poulet pendant 7 à 8 min.

- Dans une autre poêle, faites fondre la cassonade, ajoutez le miel et la crème liquide. Ajoutez de l'ail en poudre, du gingembre et un peu d'eau.

- Mettez le poulet dans la sauce et dégustez !

POUR 2 PERSONNES

★ ★ ★

CHICKEN NOODLES

PRÉPARATION : 5 MIN | CUISSON : 3 MIN

1 cube de bouillon de volaille • 80 g de nouilles instantanées • 3 cuil. à soupe de sauce soja sucrée • 60 g de poulet rôti • 2 jaunes d'œuf • 1 pincée de sésame • Sel, poivre, piment doux, curry

- Faites bouillir de l'eau dans une casserole et ajoutez le cube de bouillon de volaille. Dès que l'eau est à ébullition, mettez les nouilles instantanées et laissez-les cuire pendant 3 min.

- Dès que c'est prêt, servez-les dans deux bols. Ajoutez la sauce soja sucrée.

- Assaisonnez de sel, de poivre, de piment doux et de curry, puis mélangez.

- Déposez les morceaux de poulet rôti et les jaunes d'œuf sur le dessus.

- Saupoudrez de sésame avant de servir.

seizemay

ENTRE POTES

POUR 1 TORTILLA

PIZZA TORTILLA

PRÉPARATION : 5 MIN | CUISSON : 5 MIN

6 tranches de chorizo • 40 g de mozzarella râpée • 1 pincée d'origan séché • 10 cl de coulis de tomates • 1 tortilla • Sel, poivre

- Dans une poêle, sur feu doux, déposez les tranches de chorizo, saupoudrez la mozzarella râpée, ajoutez l'origan et le coulis de tomates.

- Recouvrez la poêlée de la tortilla et laissez cuire ainsi pendant 5 min, le temps que tout le fromage fonde.

- Retournez la poêle sur une assiette : c'est prêt !

POUR 4 PERSONNES

MAC & CHEESE

PRÉPARATION : 5 MIN | CUISSON : 15 MIN

2 l de lait demi-écrémé • 400 g de pâtes (coquillettes ou macaronis) • 120 g de mascarpone • 4 poignées de cheddar râpé • 4 poignées de gruyère râpé • 4 poignées de mozzarella râpée • Poivre

- Préchauffez le four à 180 °C (th. 6).

- Dans une casserole, faites frémir le lait.

- Ajoutez 400 g de pâtes dans le lait bouillant et laissez cuire tranquillement.

- Une fois que la cuisson est terminée, égouttez les pâtes et remettez-les dans une casserole. Ajoutez le mascarpone, puis le cheddar et le gruyère. Mélangez.

- Versez la préparation dans un plat, ajoutez la mozzarella râpée et du poivre.

- Enfournez pour 5 min de cuisson.

POUR 4 PERSONNES

BURGER MAISON

PRÉPARATION : 10 MIN | CUISSON : 15 MIN

4 pains à burger • 4 steaks hachés frais • 4 tranches de cheddar • 4 feuilles de laitue • 4 rondelles de tomate • 8 tranches de bacon • Beurre • Sel, poivre
Pour la sauce : moutarde douce, ketchup, ail en poudre

- Faites revenir les pains à burger 2 à 3 min dans une poêle avec du beurre. Dès qu'ils sont bien dorés, mettez-les de côté.

- Faites revenir les steaks jusqu'à obtenir la cuisson de votre choix. N'oubliez pas de saler et de poivrer.

- En fin de cuisson, ajoutez une tranche de cheddar sur chaque steak et laissez fondre pendant 1 min.

- Préparez la sauce : mélangez de la moutarde douce avec du ketchup et de l'ail en poudre, puis étalez-la directement sur les pains du dessous.

- Ajoutez sur chacun des pains 1 feuille de laitue, 1 steak et 1 rondelle de tomate.

- Dans la poêle, faites revenir les tranches de bacon pendant quelques minutes.

- Disposez 2 tranches de bacon sur chaque rondelle de tomate et refermez avec les pains du dessus : c'est prêt !

POUR 4 PERSONNES

CARAMEL CHICKEN

PRÉPARATION : 5 MIN | REPOS : 10 MIN | CUISSON : 15 MIN

4 filets de poulet • 4 cuil. à soupe de farine + 1 cuil. à soupe • 4 cuil. à soupe de Maïzena® • 40 g de beurre • 4 cuil. à soupe de miel • 4 cuil. à soupe de sucre en poudre • 2 cuil. à soupe de sauce soja sucrée • Sésame • Huile de friture

- Coupez les filets de poulet en petits morceaux.
- Mettez les morceaux de poulet dans un récipient avec les 4 cuil. à soupe de farine et la Maïzena®.
- Versez un verre d'eau avec des glaçons, puis mélangez et laissez reposer pendant 10 min.
- Sortez les morceaux de poulet et plongez-les dans un nouveau récipient avec 1 cuil. à soupe de farine.
- Faites frire le poulet dans une poêle avec de l'huile pendant 10 min.
- Dans une autre poêle, faites fondre le beurre avec le miel, le sucre et la sauce soja sucrée.
- Versez les morceaux de poulet dans la sauce, mélangez bien et saupoudrez d'un peu de sésame avant de servir.

POUR 4 PERSONNES

HOT-DOG CRUNCHY

PRÉPARATION : 5 MIN | CUISSON : 12 MIN

4 petites baguettes précuites • Moutarde douce • 40 g de cheddar râpé • 4 saucisses • Sauce barbecue • 20 g de cornichons • 20 g d'oignons frits

- Préchauffez le four à 180 °C (th. 6).

- Ouvrez et ôtez le centre des baguettes précuites. Badigeonnez l'intérieur du pain de moutarde douce. Ajoutez dans chaque pain du cheddar râpé et 1 saucisse.

- Enfournez pour 12 min.

- Coupez les cornichons en petits morceaux.

- Versez de la sauce barbecue sur chaque hot-dog chaud puis répartissez les cornichons et les oignons frits.

POUR 1 PIZZA

PIZZA EXPRESS

PRÉPARATION : 5 MIN | CUISSON : 15 MIN

1 pâte à pizza du commerce • 10 cl de coulis de tomates • 1 petite poignée de mozzarella râpée • 1 petite poignée de cheddar râpé • 3 rondelles de fromage de chèvre • 1 pincée d'origan séché

- Étalez la pâte à pizza dans une grande poêle et faites-la chauffer à feu doux jusqu'à ce que la pâte commence à gonfler légèrement.

- Versez le coulis de tomates et répartissez-le bien sur toute la surface de la pâte.

- Saupoudrez de mozzarella et de cheddar râpé, ajoutez le chèvre et parsemez d'origan.

- Sortez la pizza de la poêle et enfournez sous le gril du four pour 5 min.

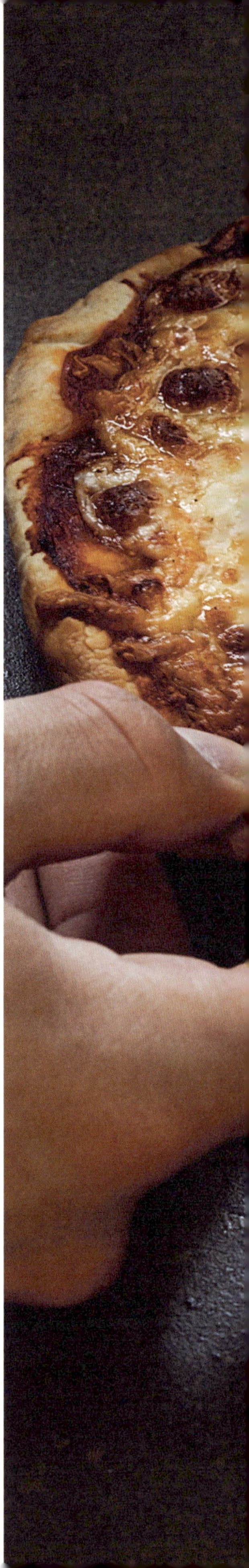

GRATIN DE COQUILLETTES

PRÉPARATION : 5 MIN | CUISSON : 25 MIN

1 cube de bouillon • 600 g de coquillettes • 80 cl de crème liquide légère • 4 cuil. à soupe de mascarpone • 400 g d'allumettes de jambon • 80 g de mozzarella râpée • Sel, poivre

- Préchauffez le four à 180 °C (th. 6).

- Portez à ébullition une casserole d'eau avec le cube de bouillon. Ajoutez les coquillettes dans l'eau bouillante et laissez-les cuire le temps indiqué sur le paquet.

- Quand elles sont cuites, égouttez les pâtes et remettez-les dans la casserole avec la crème liquide et le mascarpone. Salez, poivrez et mélangez bien.

- Ajoutez les allumettes de jambon et mélangez encore.

- Versez le contenu de la casserole dans un plat à four.

- Saupoudrez de mozzarella râpée et enfournez pour 15 min de cuisson.

POUR 4 PERSONNES

TARTIFLETTE REVISITÉE

PRÉPARATION : 15 MIN | CUISSON : 22 MIN

12 pommes de terre • 4 poignées de dés de jambon • 8 cuil. à soupe de crème fraîche • 40 cl de crème liquide • 4 poignées de mozzarella râpée • Huile d'olive • Sel, poivre

- Préchauffez le four à 180 °C (th. 6).

- Épluchez les pommes de terre et coupez-les en petits dés.

- Dans une poêle, versez un fond d'huile et faites revenir les dés de pommes de terre pendant 12 min.

- En fin de cuisson, ajoutez le jambon et la crème fraîche. Mélangez, salez et poivrez. Versez la préparation dans un plat à four.

- Versez la crème liquide et répartissez la mozzarella râpée.

- Enfournez pour 10 min de cuisson.

Cuisinart

DESSERTS

POUR 6 MI-CUITS

MI-CUIT AU CHOCOLAT

PRÉPARATION : 5 MIN | CUISSON : 10 MIN ENVIRON

1 tablette de chocolat noir • 15 g de beurre • 2 cuil. à soupe de sucre en poudre • 3 œufs • 40 g de farine

MATÉRIEL : 6 ramequins ou petits moules individuels allant au four

- Préchauffez le four à 180 °C (th. 6).
- Cassez le chocolat dans un bol. Ajoutez le beurre et faites fondre le tout au micro-ondes pendant 50 s à 700 W.
- Sortez le bol, mélangez jusqu'à l'obtention d'un chocolat bien brillant.
- Dans un second récipient, versez le sucre, cassez les œufs et fouettez le tout.
- Versez le chocolat fondu dans la seconde préparation et mélangez soigneusement au fouet.
- Versez la farine et mélangez à nouveau.
- Versez la pâte dans des petits moules et enfournez pour 8 à 10 min.

POUR 6 PERSONNES

TARTE AU NUTELLA® TORSADÉE

PRÉPARATION : 15 MIN | CUISSON : 15 MIN

2 portions de pâte feuilletée du commerce • 1 pot de Nutella® • 1 jaune d'œuf

MATÉRIEL : Moule rond

- Préchauffez le four à 180 °C (th. 6).
- Tartinez la première pâte feuilletée de Nutella®. Par-dessus, disposez la seconde pâte.
- Coupez au couteau des bandes de 3 à 4 cm puis torsadez-les une par une.
- Installez les torsades au Nutella® de manière circulaire dans le moule.
- Étalez un peu de jaune d'œuf sur le dessus pour rendre la tarte plus brillante à la cuisson.
- Enfournez pour 15 min.

POUR 6 PERSONNES

TARTE TATIN

PRÉPARATION : 10 MIN | CUISSON : 40 MIN

30 g de sucre en poudre • 4 pommes • 15 g de beurre • Cannelle, selon votre goût • 1 pâte feuilletée du commerce • 1 jaune d'œuf

- Préchauffez le four à 180 °C (th. 6).
- Dans une casserole, faites fondre le sucre sur feu doux sans le remuer jusqu'à l'obtention d'un caramel.
- Versez le caramel dans un plat à four et laissez-le refroidir.
- Coupez les pommes en quartiers.
- Dans une poêle, faire fondre le beurre, puis ajoutez les quartiers de pommes, de la cannelle et laissez dorer 4 à 5 min.
- Versez les pommes dans le plat, sur le caramel. Déposez la pâte feuilletée par-dessus et repliez-la sur les bords.
- Piquez la pâte avec une fourchette et badigeonnez-la de jaune d'œuf.
- Enfournez pour 35 min de cuisson.
- Retournez le récipient : la tarte Tatin est prête.

POUR 1 VERRINE

MOUSSE AU CHOCOLAT

PRÉPARATION : 10 MIN | REPOS : 4 H | CUISSON : 40 S

2 œufs • 1 sachet de sucre vanillé •
½ tablette de chocolat noir • 15 g de beurre

MATÉRIEL : Batteur électrique

- Cassez les œufs en séparant le blanc du jaune. Montez les blancs en neige au fouet ou avec un batteur.

- Dans les jaunes, versez le sachet de sucre vanillé et mélangez l'appareil jusqu'à ce qu'il blanchisse légèrement.

- Dans un bol, faites fondre le chocolat et le beurre au micro-ondes pendant 40 s à 700 W. Mélangez le chocolat jusqu'à ce qu'il soit bien brillant.

- Versez le chocolat fondu dans les jaunes et mélangez.

- Incorporez progressivement les blancs en neige au mélange sans les casser.

- Transférez la préparation dans un verre, puis mettez-la au réfrigérateur pendant au moins 4 h, et c'est prêt !

POUR 1 MUGCAKE

MUGCAKE EXPRESS

PRÉPARATION : 3 MIN | CUISSON : 40 À 50 S

2 cuil. à café de farine • 1 œuf • 20 cl de lait • 1 cuil. à soupe de Nutella® • 1 cuil. à café de levure chimique

MATÉRIEL : 1 mug

- Versez 2 cuil. à soupe de farine dans un mug.
- Ajoutez 1 œuf, le lait, le Nutella® et la levure chimique.
- Mélangez bien le tout jusqu'à l'obtention d'une préparation homogène.
- Mettez le mug au micro-ondes pendant 40 à 50 s à 700 W. C'est prêt !

POUR 1 VERRINE

TIRAMISU KINDER®

PRÉPARATION : 10 MIN | CUISSON : 1 MIN

3 œufs • 2 cuil. à café de sucre en poudre • 300 g de mascarpone • 2 cuil. à soupe de Nutella® • 1 demi-tablette de chocolat au lait • 1 Kinder Bueno®

MATÉRIEL : 1 verrine, batteur électrique

- Cassez les œufs en séparant le blanc du jaune.

- Dans les jaunes, ajoutez le sucre et le mascarpone, puis mélangez le tout jusqu'à l'obtention d'une crème.

- Mettez le Nutella® dans la crème et mélangez une nouvelle fois afin d'obtenir une crème bien chocolatée.

- Montez les blancs en neige au batteur.

- Avec une spatule, incorporez les blancs petit à petit dans la crème chocolatée sans les casser, puis mélangez doucement.

- Faites fondre le chocolat dans un bol au micro-ondes à 700 W.

- Versez le chocolat fondu dans le fond de la verrine, ajoutez 1 bon morceau de Kinder Bueno® écrasé et remplissez enfin de crème chocolatée.

- Décorez du morceau de Kinder Bueno® restant et dégustez sans attendre !

POUR 1 MILK-SHAKE

MILK-SHAKE AU CHOCOLAT

PRÉPARATION : 5 MIN

3 cl de lait concentré • 1 cuil. à soupe de pâte à tartiner • 2 boules de glace à la vanille • 1 cuil. à café d'arôme de vanille liquide • 25 cl de lait • Chantilly

MATÉRIEL : Mixeur plongeant

- Dans un récipient, mélangez le lait concentré et la pâte à tartiner.
- Ajoutez la glace à la vanille, l'arôme de vanille et le lait.
- Mixez le tout.
- Versez la préparation dans un récipient.
- Ajoutez de la chantilly : c'est prêt !

POUR 1 VERRINE

VERRINE CITRON MERINGUÉ

PRÉPARATION : 10 MIN | REPOS : 30 MIN | CUISSON : 5 MIN

Le jus de 2 citrons • 4 œufs : 3 œufs entiers + 1 blanc • 2 cuil. à soupe de sucre en poudre • 1 cuil. à soupe de Maïzena® • 2 spéculoos • 1 cuil. à soupe de sucre glace

MATÉRIEL : 1 verrine, 1 chalumeau de cuisine

- Pressez les citrons et réservez leur jus dans un récipient. Dans un autre récipient, battez 3 œufs entiers.
- Dans une casserole, réunissez le jus de citron, le sucre et la Maïzena®. Mélangez puis ajoutez les œufs battus.
- Faites chauffer le mélange sur feu doux pendant 5 min sans arrêter de mélanger, jusqu'à obtenir une crème assez épaisse.
- Mettez la crème dans un récipient et laissez-la refroidir pendant 30 min minimum.
- Cassez et écrasez les spéculoos au fond de la verrine, ajoutez la crème au citron refroidie.
- Cassez le dernier œuf, récupérez le blanc et battez-le avec le sucre glace jusqu'à obtenir une meringue.
- Déposez la meringue sur la crème au citron. Faites chauffer un petit coup au chalumeau de cuisine.

POUR 1 FONDANT

FONDANT AU CHOCOLAT AU MICRO-ONDES

PRÉPARATION : 5 MIN | CUISSON : 4 MIN

1 tablette de chocolat noir • 20 g de beurre • 70 g de farine • 80 g de sucre • 3 œufs

- Cassez le chocolat dans un bol et ajoutez le beurre.
- Faites fondre au micro-ondes pendant 1 min à 700 W.
- Mélangez jusqu'à l'obtention d'un chocolat bien lisse.
- Dans un récipient, réunissez la farine et le sucre. Cassez les œufs dessus puis mélangez l'ensemble.
- Versez le chocolat dans le récipient et mélangez une nouvelle fois jusqu'à obtenir une préparation homogène.
- Versez cette préparation dans une assiette creuse ou un ramequin, et placez le tout au micro-ondes pour 3 min de cuisson.

TABLE DES MATIÈRES

INDEX DES INGRÉDIENTS

D

E

F

G

J

K

L

M

N

O

P

S

T

NOTES

NOTES

58, rue Jean Bleuzen – 92178 Vanves Cedex

Direction : **Catherine Saunier-Talec**
Responsable éditoriale : **Lisa Grall**
Éditrice : **Pauline Bécet**
Responsable artistique : **Cecilia Rehbinder**
Principe de maquette : **Nicolas Gallois**
Mise en page : **Studio Twist**
Préparation de copie : **Charlotte Müller**
Relecture : **Camille Bon**
Fabrication : **Amélie Latsch**
Responsable partenariats : **Dana Lichiardopol (dlichiardopol@hachette-livre.fr)**
Responsable communication : **Johanna Rodrigue (jrodrigue@hachette-livre.fr)**

Dépôt légal : août 2022
52-5116-6/01
ISBN : 978-2-01-720141-0
Imprimé en Espagne